Les
Minutes
Parisiennes
5 Heures
par
Henry Fèvre
Illustrations
de
Sunyer
Chez l'éditeur
Ollendorff
Chaussée d'Antin
Paris

Les

Minutes Parisiennes

IL A ÉTÉ TIRÉ A PART

108 exemplaires sur papier de Chine,
et 28 exemplaires sur papier du Japon

Numérotés à la presse.

RADICAL
PRESSE

Les Minutes Parisiennes

HENRY FÈVRE

5 HEURES

La Rue du Croissant

Illustrations de SUNYER

GRAVÉES SUR BOIS

PAR BELTRAND ET DÉTÉ

PARIS

SOCIÉTÉ D'ÉDITIONS LITTÉRAIRES ET ARTISTIQUES

Librairie Paul Ollendorff

50, CHAUSSÉE D'ANTIN, 50

—

1901

Vers cinq heures le passant, étranger au quartier, qui se trouve par hasard, à travers le flot humain dont le double courant va et vient des Halles aux grands boulevards, remonter la populeuse, la fourmillante rue Montmartre, n'est pas sans éprouver quelque surprise. Au milieu de l'animation laborieuse de ces voies encombrées, dans le plein étourdissement où vous jette ce mouvement d'eau qu'a le cours incessant de la foule avec son bruit grondant de piétons et de voitures, il ne peut s'empêcher, tout à coup saisi, de faire halte, avec un regard un peu effaré devant l'étrange spectacle qui l'attend, se révèle brusquement à lui, au coin de la rue du Croissant.

Qu'est-ce qu'il y a donc ? Qu'est-ce qui se passe ici ? Pourquoi tout ce monde ? Et quel monde ! Est-ce le feu, un accident, une révolution, une émeute ?

Pas très rassuré, notre passant regarde et observe. Spectacle étrange en effet, de physionomie plutôt inquiétante et difficile à définir tout d'abord. Devant lui, dans la rue exiguë, étranglée entre ses hautes maisons noircies, une des plus étroites et des plus laides de celles qui avoisinent les boulevards, et dont l'aspect évoque de préférence des idées confuses de mauvais lieux, de crimes et de coupe-gorge, grouille mystérieusement une foule patibulaire. Ce ne sont, pressées d'un bout à l'autre de la rue, que figures sinistres, figures cyniques et gouailleuses, têtes de voyous, êtres de misère, aux vêtements de rebut et aux casquettes sordides, toute une humanité de bas fonds, assez pareille à un pullulement de rats d'égouts et qui semble être sortie là, des bouches ouvertes sous le trottoir, comme une génération spontanée ; comme à la campagne, par certaines soirées d'été, le sol uni d'une route se recouvre tout à coup de l'éclosion de milliards de crapauds minuscules; comme, au moment des fourmis ailées, venues on ne sait d'où, des nuages inopinés de ces bestioles s'abattent en essaim sur un mur...

Tel, vers cinq heures, le premier aspect de la rue du Croissant, avec l'éclosion subite de ces hommes, qui ressemblent à des bêtes de nuit, prennent en leurs loques des airs haillonneux de chauves-souris, des couleurs louches et ternes d'êtres crépusculaires et dont la foule triviale emplit la chaussée, bouche la rue. Êtres bizarres, peu sympathiques d'allures, vaguement inquiétants, effrayants même... Le premier mouvement est de hâter le pas.

L'inquiétude apparaît d'autant plus

justifiée, l'impression se dégage encore plus gênante devant l'air de guet, d'affût, d'attente patiente et embusquée que prend ce peuple amassé et immobile, pas autrement bruyant, ni tapageur, ni en émoi ; (ce qui expliquerait les choses, le feu possible, l'accident supposé, l'émeute hypothétique...) Mais non, morne est l'attroupement et ces gens restent plutôt silencieux comme s'ils se reposaient même de parler. Alors quoi ? Qu'est-ce qu'ils font là ? Qu'est-ce qu'ils attendent ? Entrée, sortie d'atelier ? Allons donc, ce n'est pas l'heure et puis il n'y a qu'à les regarder. Des ouvriers ? Ce n'est pas là le salissement méritoire et comme glorieux du travailleur manuel dont le labeur a noirci le bourgeron bleu, le veston, les mains calleuses, et qui, ainsi que le soldat sur son uniforme la poudre des batailles, garde la crasse des houilles, la graisse des machines, la poussière des bâtisses, la limaille des fabriques. Et puis des ouvriers, dans leurs vêtements populaires, restent cousus, ont des pièces à leur culotte, à leurs chaussures, mais pas de trous... Ceux-ci en ont, dans leurs nippes.

Et quelles nippes ! Oh ! les piteuses, pittoresques défroques de misère et de bohème, chapeaux, casquettes ramassés sur le tas, informes, pourris, comme des détritus, des épluchures ; et quelles étoffes, pisseuses, éraillées, à « crémaillères », quel bas de pantalons, en dents de scie, spécialement rongés, en loques — ils marchent donc beaucoup ces gens-là ? — quels ripatons surtout, inénarrables, bâillant, riant, gouaillant eux-mêmes, ouverts comme des gueules, et si difformes qu'ils en apparaissent orthopédiques.

Des ouvriers qui se respectent, de braves et bourgeois ouvriers n'ont pas de ripatons pareils. Ils ont aussi des mines plus soignées, se taillent la barbe, se rasent, sont corrects. Tandis que ceux-là, avec leurs physionomies hâves, maigres, ravagées par le besoin, le vice peut-être, le crime, qui sait? avec leur nez rouge d'ivrognes — ou de buveurs d'eau à la Wallace — avec leurs faces pâles, sous le hâle, où les yeux parfois semblent avoir des taies, malades probablement de trop de courants d'air, aux coins des rues ou sous les ponts, et de trop de « belle étoile » sans doute! Ceux-là enfin, avec leurs barbes de brigand ou de saint, dont le hallier pousse à même le roc des os, avec leurs cheveux trop longs qui pendent à quelques-uns comme des herbes autour des oreilles ? Des ouvriers ?

Jamais, ou des ouvriers d'une besogne bien hétéroclite, ainsi que semblerait l'indiquer leur mine équivoque et, accentuant encore leur apparence patibulaire, ce je ne sais quoi de particulier qu'ils ont tous, qui tiraille leur figure, tord leur bouche, leur donne sans exception cet air ricanant et gouailleur qui est sur leur face, sur leurs lèvres comme la grimace immobilisée et le stigmate d'un cri, le cri spécial de la corporation, quelque peu discordant et rauque, mais si parisien :

— Demandez !...

Ce cri, son cri, féroce, familier, inviteur, l'un d'eux, sorti de la foule, vient de le pousser à l'improviste, sous le nez même de notre passant ahuri, tout en se sauvant comme un voleur, une liasse de journaux sous le bras.

— Demandez... *la Patrie... les Droits de l'Homme!... le Petit Bleu!...*

A présent le passant, édifié, rit lui-même de son effarement, de sa frayeur. Il a compris. Ce n'est ni le feu, ni un accident, ni une émeute. Ce sont les journaux du soir qui paraissent tout simplement et cette foule sinistre de bandits supposés, ce sont les camelots qui les crient. Et tout à coup avide, impatient des nouvelles de la journée, dont il fait tous les soirs sa récréation et son émotion coutumières, voilà notre passant qui, oublieux déjà du spectacle dont la nouveauté l'avait pour un moment cloué sur place, ne pense plus qu'à donner son sou au camelot révélateur du mystère qui l'interloquait, et, le nez sur sa gazette, reprend sa route interrompue, se mêle derechef au remous populaire de la rue Montmartre qui l'entraîne dans son flot humain.

Moins pressé que lui, passant philosophe, flâneur avisé, Parisien curieux de Paris, reste un peu, regarde encore ; l'étude en vaut la peine. Regarde, prise à sa source, en plein cœur de la ville, la première apparition de l'Idée imprimée, de la Nouvelle, du Fait, encore tout chauds et tout actuels, et qui de cette ruelle de coupe-gorge vont jaillir en mille et mille feuilles, s'essaimer en pages légères, dans toutes les mains du public et du peuple, aux quatre coins de Paris!

— Demandez *la Patrie... les Droits de l'Homme... la Presse!*

Car c'est l'heure, l'heure émouvante de la deuxième, troisième édition, la bonne, la meilleure, celle qui se vendra le plus ! Celle qui donne le dernier événement de la journée, les débats des Chambres, la chute du ministère, le scandale de midi, le crime du matin, l'idée du jour, le moment le plus palpitant de la vie publique, instantané, saisi sur le vif, et servi tressaillant, avec son émotion dramatique d'actualité encore en cours. Souvent en effet, déjà à moitié imprimé, télégraphié, téléphoné à mesure, déjà entre les mains des lecteurs, il continue à s'effectuer, il finit de s'accomplir, l'événement relaté, et il n'en est même pas à sa péroraison, ce discours politique, dont retentit le

Palais Bourbon, dont on lit dans le journal l'exorde, et elle n'est pas encore terminée, à la Cour d'assises, la plaidoirie de l'avocat, déjà analysée dans la gazette, et qui arrête en un instant d'angoisse au-dessus de la tête du criminel le couteau hésitant de la guillotine, dont l'édition suivante va nous apprendre s'il s'est décidé ou non à tomber. Aussi cette page de gazette, toute vibrante de la vie immédiate, dont elle suit toutes les pulsations, semble-t-elle vivante elle-même. On l'écoute comme ces témoins, haut perchés de nature sur des jambes privilégiées et qui, surplombant l'accident survenu en pleine rue et l'encombrement qui s'est amassé autour, en racontent à mesure les péripéties aux plus petits qui n'ont pu approcher, tendent en vain le cou derrière la foule. Oui, c'est déjà un peu comme si on voyait, comme si on assistait soi-même à la chose, dans les journaux du soir. Et c'est mieux que ceux du matin où l'événement de la veille, après la nuit passée, semble s'être refroidi, prend un air de passé, de définitif, de quelque chose d'effectué, de mort de quasi historique déjà... Tandis que le journal du soir, c'est du présent, de l'actualité toute vive. On y sent battre fièvreusement, au fur et à mesure des télégrammes et des éditions, le pouls même de la vie

publique. Et c'est presque comme du théâtre. Et ce que ça se vend !

Aussi on se l'arrache.

Si patients à attendre, non sans

avidité, en masses compactes, pressées, soupçonneuses, le premier signal, l'arrivée du bon papier, du *papelard* convoité dont le débit les fait vivre, il faut les voir maintenant, nos camelots, âpres à la concurrence, se bousculer à la distribution de la précieuse manne imprimée... Toute l'étroite rue en fourmille et chacun, suivant le journal qu'il a choisi, se mêle au groupe respectif qui stationne devant chaque petite boutique à journaux, car chaque feuille a ici sa boutique, et, la liasse conquise, se jette dessus, l'emporte en courant comme une proie.

Une proie, oui ; n'est-ce pas avec

ses quelques pages d'impression qu'il va se faire des sous, se faire pour un jour le morceau de pain et le cornet de frites et le verre de vin qui le nourriront ?

C'est surtout devant la *Patrie*, en renfoncement à côté de l'hôtel Colbert, que l'encombrement est le plus grand. Et vraiment il est curieux, l'espèce de *trou aux rats* qui rappelle celui de la recluse de *Notre-Dame de Paris*, et où le vendeur de ce journal préside à la distribution. C'est, dans la muraille, grasse et noircie, à même la rue, une espèce de fente, une lucarne, un guichet derrière lequel, une fois levée la planche qui sert de fermeture, apparait le buste digne d'un correct monsieur à cheveux gris et qui dans sa boîte semble un diable. A côté de lui une ardoise sur un chevalet indique, crayonnés à la craie, renseignements à l'usage des crieurs, le nombre et l'heure des éditions, le prix auquel le cent de « papiers » autrement dit d'exemplaires, est laissé aux vendeurs. Et le jour sera bon, la vente promet, paraît-il. Car, massés depuis longtemps d'avance devant le trou fermé, voilà nos camelots, sitôt la planche levée, qui se poussent, se tassent, se portent, sans se battre pourtant, sans autres cris, avec seulement quelques grognements, quelques facéties, un brin de rigolade. Et malheur dans la bande à qui n'a pas sa monnaie toute prête exactement, on n'a pas le temps d'en rendre, et mieux que sa monnaie, la somme précise en argent, les deux francs dont se paye aujourd'hui le cent de « papiers », car on n'a pas le temps non plus de compter un à un les gros sous. Moyennant quoi les premiers arrivés reçoivent un jeton de bois sur lequel un numéro d'ordre est gravé et qui, à l'imprimerie, lui donnera droit à la liasse désirée. S'il en reste après, les autres en auront. Mais c'est cette édition-là qu'ils préfèrent, celle qui se vendra le plus, qu'ils ont hâte de vendre déjà avant tous les autres.

Enfin les voilà pourvus chacun de leur jeton et le tirage, dont on entend le ronflement, s'achève. Déjà les premières liasses imprimées sont passées, portées sur l'épaule par les gens de l'imprimerie qui les distribuent aux voitures, aux cyclistes chargés d'alimenter les gares, les kiosques, les marchands en boutique, aux porteurs attitrés qui vont à domicile servir les abonnements, ceux-ci avec des casquettes galonnées au nom du journal. Et, contre le jeton, les liasses enfin sont livrées aux crieurs. Les piles s'écroulent entre leurs mains. Et alors ça se déblaie vite. Leur papier sous le bras, c'est un sauve-qui-peut général et les voilà partis au pas de course à travers Paris, tâchant d'arriver les premiers et de leur voix coassante, soigneusement économisée jusque-là, jetant sans relâche à travers la foule leur cri sauvage, entêté, monotone, excitant, harcelant :

La Patrie... Les Droits de l'Homme... demandez *la Patrie...*

Déjà vous les voyez échelonnés

tout le long des boulevards et de loin on dirait un chœur de grenouilles clabaudantes.

Et c'est surtout ceux des *Sports*... *Paris-Auteuil*... etc..., qui courent en vrais écervelés, bousculent tout, si vite qu'on n'a même pas le temps de leur acheter leur feuille mince et comme si les joueurs ne pouvaient jamais apprendre assez tôt qu'ils ont perdu aux courses ou gagné, quelquefois. Tandis que dans la rue du Croissant, un instant dégagée, de nouveaux groupes, sortis de chez les marchands de vin, se forment, que d'autres assauts se donnent à d'autres guichets, tous assiégés, que les éditions et les liasses se succèdent, que grouille de plus belle

tout ce monde distributeur et vendeur de la presse, les camelots, les bicyclistes, les porteurs, les voitures et que dans la rue étroite, bondée, trouvent encore le moyen de passer, fendant comme un navire la foule, de ces camions qui viennent déposer à l'imprimerie Paul Dupont, sous la haute porte de l'hôtel Colbert, ces énormes rouleaux de papier, plus gros que des tonneaux, le papier pour le journal de demain, une bouchée dans la gueule du monstre. Mais au moment où la cohue est moins forte, en attendant celle de l'édition suivante, un temps de répit se présente, qui nous permet de jeter un regard plus attentif sur l'étrange population et, à travers les types, d'analyser la race. Types nombreux, dont quelques-uns au repos, adossés aux devantures ou assis sur le bord du trottoir, mangent dans un lambeau de papier le morceau de viande ou de charcuterie, acheté aux marchands, qui ont leur boutique là, sous un porche ou dans un couloir, et dont les camelots composent la clientèle unique. Ainsi ils reprennent des forces ou se délassent de la dernière course, en attendant la vente ou encore une aubaine, un embauchage, un gain quelconque de hasard, le petit capital nécessaire à leur humble industrie qui peut-être fait défaut dans leurs poches plus ou moins percées. Car, dans des proportions si modestes qu'on l'imagine,

encore, tout camelot soit-on, faut-il être un peu capitaliste pour commencer, pour réussir comme en tout, comme partout...

C'est que beaucoup ne possèdent même pas les trente ou quarante sous nécessaires à l'achat du cent de « papiers » convoités. La journée de la veille a pu n'être pas fructueuse ; le crieur malchanceux a pu en être pour son « bouillon », c'est-à-dire être obligé de rapporter, heureux encore quand on le lui reprend au journal, son stock d'exemplaires invendus, ou de le garder pour compte ; enfin la nécessité urgente du maigre dîner ou du loyer minime ou même du coucher dans un garni de dernier ordre, aux Halles, s'il n'a pas de domicile, à *la corde*, dans ces hôtels où l'on paye 10 sous, 6 sous une place dans la chambrée de misère, tout cela a pu entamer, dévorer le capital intime. Grosse question que de le reconstituer d'abord, avant de se lancer de nouveau dans les affaires. Courageusement, modestement notre homme y parviendra encore, assez vite, pour peu qu'il ait gardé précieusement dans sa

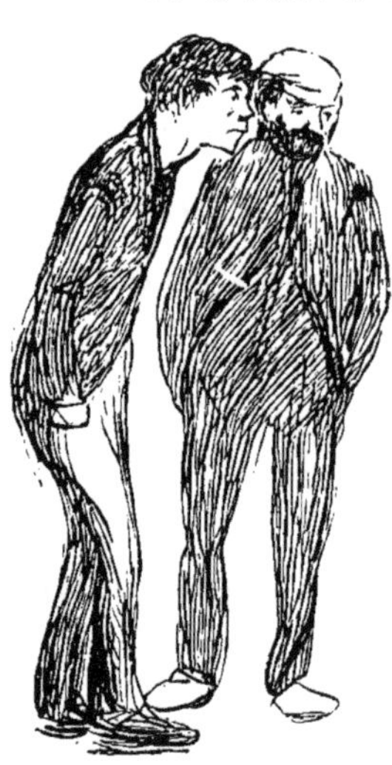

débine le trésor intact de trois sous. C'est qu'avec ses trois sous il va pouvoir acheter dix journaux, qu'il tâchera d'écouler aux environs, pas bien loin, sans s'écarter, pour pouvoir revenir avec le gain s'approvisionner, et recommencer ensuite, jusqu'à reconstitution du gros, du sérieux capital de quarante sous. Ceux-là font le détail à leur façon.

Peut-être aussi, avec les autres, quand la vente du journal ne marche pas, dans les temps d'accalmie politique, de stagnation d'événements, cherchera-t-il à se faire embaucher comme distributeur de prospectus : un franc de salaire pour mille prospectus distribués, et s'il s'agit de réclames de restaurants, o fr. 5o seulement, mais les deux repas gratuits en surplus, l'essentiel de la vie, le pain avec un peu de sauce... Ou encore le retrouverons-nous parmi ceux qui se font enrôler comme hommes-sandwich pour porter sur leur dos à travers Paris les réclames diverses dont on voit défiler à la queue leu leu les équipes d'affiches vivantes ; travail payé à la journée 2 fr. 5o, mais volontiers laissé aux ouvriers sans travail, inoccupés dans un moment de chômage, et un peu méprisé du camelot de métier, crieur de journaux, par vocation et par goût autant que par nécessité, un artiste, un intellectuel dans son genre...

Car là aussi, dans ce monde de bohème, il y a des spécialités, des rivalités, des vanités, des classes. Et sans doute est-il plutôt dédaigneux du crieur ordinaire, le camelot embauché, officiel en quelque sorte, fier de sa casquette de livrée où le

nom du journal s'étale, et qui, pour un franc par jour et moyennant un intérêt sur la recette, va vendre sa feuille devant les stations d'omnibus, promène la réclame de sa casquette, souvent au compte d'un journal qui périclite, qui cherche à faire croire à une vente apocryphe, dans l'espoir d'amorcer des annonces.

Des classes, des variétés, certes, il y en a. Ainsi le camelot qui vend la liste de loterie, la liste complète et authentique des numéros du dernier tirage, le dernier gros lot, et pour deux sous offre aux passants l'espérance éphémère de lire le chiffre fatidique, l'espérance d'une fortune miraculeuse tombant comme d'une corne d'abondance, en monceau d'or, vite volatilisée en déception inévitable, vendeur de mirages, celui-là...

Ou le camelot qui vous révèle la règle du jeu de piquet et de billard, ou débite l'indicateur des rues de Paris, le plan et la photographie des monuments de la ville aux provinciaux et aux étrangers, devant les terrasses des cafés ou sous les arcades de la rue de Rivoli. Tous viennent s'approvisionner là, rue du Croissant, dans les librairies *ad hoc*, ainsi que ceux qui vendent des publications illustrées, « bouillons » de livraisons invendues, laissées aux rabais, opuscules et gravures, ou chansons, tel que le *goualeur* qui chante dans les carrefours et dans les rues barrées, en guettant si l'agent n'arrive pas, la dernière complainte, la dernière chanson sur le crime récent, le nouveau Président de la République, l'incendie sensationnel du mois, l'enfant martyr de la semaine. Ou encore les distributeurs de romans feuilletons qui exposent avec ostentation une image dramatique, un monsieur assassiné dans un salon, devant une femme décolletée qui lève de grands bras vers le ciel, tandis que l'or des tables de jeu roule à terre dans une flaque de sang, première livraison

gratuite toujours ; et toutes les boquillonneries, et l'album des nudités du dernier salon, photographies choisies des tableaux les plus académiques et que des messieurs graves, aux terrasses des boulevards, achè-

tent, non sans marchander le prix naturellement surfait. Ou bien, dans le même ordre d'idées, le camelot discret qui dans les coins sombres vous murmure quelque chose à l'oreille, avec, dans sa main écartée, l'appât subrepticement découvert du jeu de cartes transparentes, la plupart du temps de sujet innocent, honnêtes trompeurs sur la valeur d'une marchandise le plus souvent d'une transparence plutôt vertueuse. Celui-là plus correct, propre, presque gentleman...

Enfin le vendeur qui a fait sa spécialité du *canard*, du portrait satirique, de la blague imprimée, de la fausse nouvelle mystificatrice : la caricature de l'homme du jour, de la gloire d'actualité présentée sous des espèces aussi difformes qu'insolentes, la fausse nouvelle destinée à émouvoir les naïfs et qui fait de l'acheteur une dupe amusée elle-même, consolée du mensonge de la nouvelle par le calembour qui s'y cache; par exemple l'assassinat de Rochefort, événement inattendu et surprenant qui se réduit à l'épreuve, une fois le *canard* acheté, au fait d'un meurtre vulgaire perpétré récemment dans la ville de Rochefort; tel encore le calembour pamphlétaire, comme la mort d'un politicien célèbre, annoncée en grosses lettres et qui se trouve n'être que la soi-disant mort « morale et politique » du personnage, à la suite des derniers scandales. Genre un peu dangereux, un peu démodé, surveillé par la police et pouvant donner lieu à des poursuites, constituer le délit de fausses nouvelles, depuis la dernière loi sur la presse qui, plus sévère que ses devancières et dans l'intention de couper court aux abus, interdit maintenant aux vendeurs de crier les nouvelles, leur permet seulement le titre du journal qu'ils débitent.

Et, pour couronner le tout, comme travail de nuit, au camelot dont une journée de courses n'a pas brisé les jambes ou qui n'a pas vendu suffisamment, il reste la ressource, problématique, de la *tête à l'huile*. *Têtes à l'huile*, ainsi appelle-t-on les camelots qui se font embaucher, pour le spectacle du soir, comme figurants dans un théâtre, et représentent la foule, des soldats, des marins, suivant l'affiche, des Romains classiques, des reîtres d'opéra, des grévistes de mélodrame, figurent même quelquefois, comme au théâtre Antoine, dans des foules de misère, tels quels, en leur costume nature de camelots.

Ainsi, à varier le travail suivant le hasard de l'aubaine qui viendra le

chercher dans cette rue du Croissant

qui est son quartier général, le camelot débrouillard peut encore vivre à la rigueur, au jour le jour, faisant tantôt une chose, tantôt une autre, sans se formaliser du cumul, car en dépit de ses préférences, le meilleur travail n'est-il pas celui qui se présente, encore heureux s'il s'en trouve un ?

Même, comme au théâtre, notre camelot se laissera racoler, figurera au besoin dans l'émeute, la révolution organisée dans la rue par les partis du tapage ; pour quarante sous, aussi éclectique de nature qu'intolérant par fonction, il acclamera tel personnage, conspuera tel autre, fera au besoin le coup de poing en compagnie de messieurs huppés, donnera l'illusion de la rue agitée d'un enthousiasme de foule, d'une indignation populaire. Aussi les époques troublées ne sont-elles pas sans bénéfice pour lui. Comparse de la Révolution, la guerre civile aura pour lui des miettes. En somme et de toutes façons il vit de la vie publique et sur elle ; il apparaît un peu comme un parasite de la politique, une vermine de la presse, le pou de l'Histoire quotidienne.

Race bizarre, cynique, misérable, effrontée et, comme des insectes sortis inopinément des fentes d'une vieille demeure, d'origine somme toute récente et républicaine ; leur éclosion est simultanée, correspond en effet avec la liberté élargie de la presse et l'énorme développement de la publicité moderne. Sous l'Empire, comme nous l'apprend M. A. Coffignon, dans son intéressant livre *Paris-vivant*, le camelot libre n'existait pas. La vente des journaux sur la voie publique, infiniment moindre, formait un privilège accordé exclusivement à d'anciens militaires. La vente libre n'était autorisée qu'un seul jour dans le courant de l'année, le jour de la rentrée des Chambres ; cette exception n'était d'ailleurs faite

qu'en faveur du discours de l'Empereur, imprimé à part ce jour-là à six ou sept cent mille exemplaires et vendu en supplément avec les journaux. Et c'était les porteurs des halles qui bénéficiaient ce jour-là de la tolérance accordée.

Tandis qu'aujourd'hui la vente des journaux, laissée entièrement libre, reste accessible à tous. Une simple déclaration suffit, faite à la Préfecture de police qui délivre une autorisation ou même simplement accuse réception de la demande. Mais la moitié au moins des crieurs se passent même de cette déclaration et ne sont pas inquiétés.

Race bizarre, étrange, grouillante et qui sort d'où ?...

Une femme, une des rares femmes qui, dans l'assaut des camelots, devant le trou aux rats de *la Patrie*, s'est mélangée à la foule pour avoir son jeton de cent de papiers et qui gagne à ce métier, comme elle me le raconte, sa vie et celle de deux enfants, en vendant toujours, m'explique-t-elle, dans le même quartier, où elle a des clients à qui elle porte régulièrement leur feuille favorite, cette femme, sur les camarades émet un jugement plutôt sévère :

— La moitié qui sort des galères, l'autre moitié qui doit y aller...

Et elle rit familièrement.

Mais elle exagère. Je la devine injuste, méprisante envers les copains qui la tutoient (le tutoiement est de rigueur dans le métier), couvant aussi des rancunes pour des « papiers », des journaux que les moins fortunés chipent quelquefois dans sa liasse, copains quelque peu dédaignés pour lesquels elle est trop propre, apparaît soignée, les cheveux noirs correctement peignés, presque bourgeoise.

Sans doute, parmi le peuple hétéroclite, bien des visages patibulaires émergent, mais plus sinistres de misère que criminels et plus gouailleurs que menaçants. Et dame, ce n'est pas la haute, ces grands efflanqués, par exemple, presque imberbes, avec des chevelures qui pendent, et qui, dégingandés, ricanent, ou ces petits trapus, ramassés, l'air sournois. Assurément il y a dans les gestes, dans les regards, dans l'allure quelque chose et bien des choses du fauve de ruisseau, du loup de trottoir, du sauvage de grande ville. Le stigmate de la correctionnelle se devine sur le visage de certains. En voici un là-bas, presque joli, trop blond, avec de longs cheveux de demoiselle, vraiment problématique, et dont le corps a d'étranges ondula-

tions féminines ; celui-là doit avoir en temps ordinaire d'autres occupations que de vendre des journaux; c'est un « chômage » évidemment. Mais il en est d'autres et beaucoup, d'un âge plus mûr, et qui gardent tout au moins des restes d'honnêtes figures d'ouvriers et de paysans, dans leur barbe inculte. Et le fait est que la grande majorité d'entre eux se recrutent parmi les ouvriers sans ouvrage ; un jour de chômage ils se sont mis à vendre des journaux en attendant, puis le chômage se prolongeant, ils ont continué ; certains ont de tout temps préféré ce métier où « il faut trotter », mais où l'on respire et pour le grand air ou la liberté qu'il permet ; en somme on est son maître. Quelques-uns sont mariés et vont en couple, avec leur femme, vendre au coin des rues, des boulevards et poursuivent le passant, l'un à droite, l'autre à gauche. Il vaut mieux être deux d'ailleurs, de toutes façons, et les célibataires s'accompagnent volontiers d'un ami ; ainsi l'acheteur est suggestionné doublement par la tentation répétée et souvent, après une première hésitation, un premier dédain, achète au second, quelques pas plus loin, la feuille qu'il vient de refuser au premier. Il y a même parmi les camelots des mères de famille, comme celle qui me parlait tout à l'heure et qui, toute fière, m'exhibait l'autorisation dont elle a eu soin de se pourvoir, en commerçante correcte, auprès de la Préfecture. Enfin, sans doute aussi, il se trouve dans la gent coassante des déclassés, petits commerçants tombés dans la débine, anciens clercs de notaire ayant eu des histoires, anciens notaires eux-mêmes, ayant connu la Cour d'assises, officiers réformés, frères et curés défroqués, anciens viveurs décavés, tous chevaliers errants de la bohème sociale, tombés au pavé ; le cas se présente et s'est présenté, mais il est rare et anonyme, il reste ignoré. En général on peut affirmer en toute certitude que la grande majorité des camelots, qui sont des déclassés en effet, sont des déclassés ouvriers, des déclassés de l'atelier et de la manufacture. Beaucoup ne demeurent camelots que le temps de la durée d'un chômage, en attendant de trouver une place. Et ceux qui en font un métier régulier, qui savent le faire intelligemment, ont soin de conserver leur voix, leur petit capital et leurs jambes et n'ont pas peur de s'en servir, ceux-là se tirent suffisamment d'affaire pour être honnêtes.

Le vrai camelot en effet aime son métier et, à vivre dans l'atmosphère des journaux, des nouvelles, des télégrammes, de l'actualité fiévreuse et à outrance, subit le premier la griserie de l'imprimé qu'il vend et éprouve un peu de la vanité du journaliste. Journaliste, il le devient

lui-même quelquefois, en des jours glorieux, quand il va porter directement aux bureaux de rédaction, rédigée par lui, une note, un renseignement pris sur le vif, une information recueillie au hasard de ses courses, au sujet d'un accident, d'un incendie, d'un de ces mille faits divers de la vie parisienne auquel son métier nomade l'a fait par chance assister et dont il rapporte en courant la relation toute fraîche, qu'on lui paye cent sous si elle en vaut la peine. Et quelle joie alors le lendemain de se relire, dans sa note un peu corrigée, imprimé soi-même !

Ce n'est plus un camelot qui vend son journal, c'est un auteur qui vend ses œuvres ! Le camelot-reporter ! Ils ont tous, les intelligents, ceux qui s'intéressent à leur métier, cette ambition au fond d'eux-mêmes, à force de vendre des journaux, d'être un peu journalistes, à leur tour...

Il est des heures dramatiques où le camelot le devient ; où, parti de l'endroit où l'information prend sa source, renseigné de la dernière heure et de la dernière minute, il apprend, au moment même où on lui livre sa liasse de papier « à débiter », la grosse nouvelle en train de circuler dans les rédactions et que le téléphone vient de communiquer, une seconde trop tard pourtant pour être insérée et lorsque le dernier tirage est effectué.

Alors notre camelot, avec le journal insuffisant qu'il répand par la ville, distribue la nouvelle de vive voix ; ainsi il passe à la dignité de crieur public, renouvelle l'antique tradition orale, devient lui-même le journal qu'il complète. C'est de la sorte notamment que se sont passées les choses dans la soirée où l'on a appris la mort inopinée du Président de la République, M. Félix Faure.

Tous les journaux du soir, tirés, parus trop tôt, n'en soufflaient mot. Mais voici nos camelots avertis et qui prennent leur course. A tous les acheteurs de leur feuille, confidentiellement et, dans un élan de générosité magnifique, gratuitement et par-dessus le marché, ils communiquent le gros événement :

— Vous savez... le Président est mort.

Ainsi Paris, presque immédiatement, connut la nouvelle.

Et ceci me rappelle une remarque curieuse d'Alphonse Daudet, se demandant par quel prodige un événement sensationnel, en dépit de l'énormité de la ville, arrivait à se répandre aussi vite dans les quartiers les plus divers de Paris, avec la vélocité, l'instantanéité presque miraculeuse qui se révèlent en effet en pareilles circonstances. L'écrivain expliquait cette rapidité de communication par la circulation en tous sens des gens, des voitures, des omnibus, le pêle-mêle et le va-et-vient incessant de cette immense population mobile ; ce qui fait, avec le téléphone, le télégraphe, les conversations de visites, d'affaires et de cafés, qu'une nouvelle se répand comme une traînée de poudre. A toutes ces causes de divulgation rapide il faut joindre, comme nous le voyons, le camelot, véhicule naturel et tout indiqué de nouveautés et d'informations.

Zèle d'information bien mal récompensé dans la personne de l'un d'eux, en cette soirée mémorable,

5

par un acheteur indigné qui, croyant à une fausse nouvelle, à une manœuvre politique malintentionnée, signala notre homme serviable à la police et voulut le faire arrêter.

Intelligent, le camelot doit l'être pour réussir ; avant tous les autres il lui est utile de connaître tout le premier la marchandise qu'il débite, sa nature, ses chances de succès et de vente. Voyez celui-ci, par exemple, qui à peine fourni au guichet de sa liasse d'imprimés, et tout en marchant, son paquet sous le bras, a pour soin immédiat d'en déplier un numéro qu'il parcourt attentivement. Tel qu'il est, il est à peindre le camelot lisant son journal ! A-t-il l'air assez absorbé, donne-t-il assez envie de lui en acheter un, pour voir un peu, à son tour. Les nouvelles ? Oui d'abord ; comme un autre il est curieux ; et cette succession d'événements publics dans la fièvre desquels il vit l'intéresse tout le premier. Il veut savoir ce qui se passe, dans la politique, aux courses, au théâtre. Au besoin il doit pouvoir guider l'acheteur, lui signaler un article intéressant, l'allécher. Mais plus

particulièrement il recherche si, dans le corps du journal, un fait quelconque, un simple fait divers, en apparence insignifiant, ne lui offrira pas de chances de vente plus considérables dans tel ou tel quartier, tel ou tel endroit déterminé, où le fait en question s'est passé. Un quartier en effet est souvent ému par un incident, dont il a été le théâtre et qui laisse le reste de la ville indifférent. C'est là que notre malin se rendra, sûr d'écouler rapidement sa marchandise.

Le camelot expérimenté ne choisit pas toujours non plus, comme on pourrait le croire, les passages les plus fréquentés, les boulevards où la concurrence, celle de ses confrères, celle des kiosques, est trop grande, et où s'encombrent les novices; mais il s'enfoncera de préférence avec un camarade dans un quartier populeux et éloigné, choisira les avenues où le bruit des voitures plus rares ne couvrira pas sa voix, ira guetter à la porte d'un restaurant, à la sortie des ateliers, à l'heure propice où, dans les rues qui sembleraient désertes, une foule subite

se forme, un flot populaire s'épand. Mais il faut trotter, certes, et endurer du soleil, du froid et de la pluie. Ainsi avec du courage et des jambes, dans les jours de grande vente, un crieur peut arriver à vendre jusqu'à mille numéros, mais, comme celui-là qui s'en vantait devant moi, en allant finalement jusqu'à Ivry, par exemple, en poussant jusqu'en banlieue, et dans les jours seulement de nouvelles sensationnelles, aux moments des grandes commotions de curiosité populaire.

Cependant la rue s'est éclaircie, après la grande galopade effrénée des dernières éditions des journaux du soir qui a entraîné, dans son flot débondé, lâché dans la rue Montmartre, sur les boulevards, la multitude courante des camelots, se dépassant et se ruant à travers les voitures de la chaussée, les piétons des trottoirs, à la concurrence acharnée et aboyante de la vente publique et criée. A peine maintenant si quelques groupes, quelques individus, oisifs ou attendant un embauchage, stationnent encore dans la rue, à peu près vide ; et ainsi elle apparaît mieux avec sa physionomie caractéristique, ses échoppes à journaux qui, alternant avec les marchands de vins fréquentés dans la journée par leur clientèle de camelots, occupent d'un bout à l'autre les rez-de-chaussée des maisons. Chaque organe a là son échoppe,

son dépôt où s'opère la vente en gros, exhibant son nom peint en travers sur les volets qui la ferment, l'heure de la vente passée. Et c'est comme une revue de la presse parisienne à peu près tout entière représentée ici ; depuis les grands journaux qui ont leur hôtel, jusqu'aux petits qui se rédigent à un cinquième étage, tous se manifestent là sous la forme de cette petite boutique que l'on dirait de bric à brac, de vieilles ferrailles et de chiffons. Pauvre, laide et sale, noircie et comme grasse de l'encre d'imprimerie, telle se révèle en effet cette patrie des camelots, ce royaume de la presse, cette halle de l'idée, assez semblable en somme à un repaire.

Car à l'idée, à l'imprimerie, à la presse, à l'édition, la rue appartient complètement, en sa brièveté, à tous les étages de ses maisons, dont chacune, véritable ruche à gazettes exhibe à chaque fenêtre l'écriteau, le nom d'un journal ; ceci absolument vrai tout au moins pour les trois énormes maisons principales qui font presque la rue à elles seules, l'hôtel Colbert, la maison adjacente, en retrait, où s'imprime *la Patrie*, et l'hôtel moderne de *la France*, dont la construction neuve se « culotte » déjà elle aussi, commence à prendre la couleur contagieuse de ses voisines ; bientôt même sans doute il se confondra de ton avec l'aristocratique hôtel Colbert, qui lui fait vis-à-

vis, où dans ses imprimeries se composent tant de journaux, et tout noirci, ainsi qu'un fort, par la crasse de l'idée et comme de la poudre des batailles de l'intelligence et de la plume.

Enormes ruches à journaux, celles-là, toutes ronflantes du bruit des machines, du roulement des rotatives, qu'à travers la vaste glace de l'hôtel de *la France* on peut voir fonctionner de la rue, mâcher leurs feuilles et cracher l'imprimé, comme on peut surprendre et étudier, à travers une ruche vitrée, le travail clandestin des abeilles.

Véritable atelier de la pensée parisienne qui, avec son hâle de travail, son bourdonnement d'usine, donne en somme une impression plus juste et plus intense de l'effort et de l'activité du journalisme moderne que les hôtels des journaux riches, émigrés comme *le Figaro*, *le Gaulois*, *le Temps*, *l'Écho de Paris*, *le Journal*, sur les grands boulevards et dans les rues qui les avoisinent; journaux bien un peu imposants et bien cossus, avec leurs salons, leurs glaces, leurs portes capitonnées, leurs chuchotements de bon ton dans les embrasures, décor mondain qui va bien avec leurs articles corrects, leur littérature académique leur politique cérémonieuse, leurs signatures célèbres et aristocratiques.

Quel contraste, entre cet air somptueux d'administration riche ou de salons à la mode que cherche à se donner le dernier genre du journalisme, et le repaire démocratique, de pittoresque balzacien, qui est celui de la presse populaire à un sou dans la rue du Croissant ! Quel beau mépris ici du luxe et de tous les fastes bourgeois, de toutes les apparences inutiles et même du confortable élémentaire, un mépris de moine, de sectaire, d'écrivain et de philosophe ! Ici foin des dorures et des peintures ; c'est bien la nudité de décor, la pauvreté et la modestie de logis et d'abri qui sembleraient bien devoir convenir, appartenir exclusivement à la Pensée indépendante,

aux combats quotidiens et désintéressés de l'idée pure ; et trop souvent tout aussi bien taudis à scandales, nids de scorpions et de calomnies. Partout, que vous montiez l'escalier de pierre à rampe de fer de l'hôtel Colbert ou l'escalier moderne, à cage d'ascenseur, de l'hôtel de la *France*, c'est sur les murs la même crasse d'imprimerie, c'est dans l'air la même odeur tiède de machines, c'est sur les paliers la même demi-obscurité de cave, c'est du haut en bas de l'édifice le même branle-bas sourd d'usine. Partout aussi, dans les salles de rédaction identiques, règne le même ameublement sommaire, classique en quelque sorte, la grande table ovale, couverte du traditionnel tapis vert, taché d'encre, entourée de ses chaises de paille qui attendent les rédacteurs; ce sont les mêmes pièces vides, sans décorations, au papier souvent déchiré ou déteint, les mêmes recoins analogues à des loges d'acteurs où des rédacteurs spéciaux ou favorisés ont leur cabinet, leur cabine de travail personnelle, souvent une simple embrasure auprès d'une fenêtre ; pour tous meubles une table et une chaise, avec un cartonnier, quelques planches qui servent de bibliothèque ; aux murs, en guise de tableaux, des images de journaux découpées, des portraits satiriques, des caricatures, de simples bonshommes d'écoliers. Seul, le cabinet directorial, celui du secrétaire de la rédaction sont un peu plus coquets, avec des sièges entiers, un tapis, une décoration fraîche, un bureau neuf. Mais tout le reste conserve uniformément son même ameublement vieillot et boiteux, ses chaises de bric à brac, la nudité de ses murailles crasseuses, son même air d'atelier, de campement et de bohème hérité sans doute du journalisme d'autrefois,

plus riche d'idées que d'argent, menacé quotidiennement dans son existence par des lois sévères, guetté par les rigueurs du gouvernement ou par l'imminence de la faillite, aspect qui fait un tel contraste avec celui des journaux boulevardiers propriétaires, capitalistes, littéraires...

Aspect d'atelier, décor de labeur, rumeur de fabrique qui s'harmonisent bien avec le journalisme d'action qui est celui de la rue du Croissant et des environs immédiats ; journalisme populaire, démagogique même, journalisme de polémique et de politique, journalisme de combat qui semble s'écrire les manches retroussées ; journalisme à sensations, à émotions, à « manchettes » qui se fait une loi chaque jour de remuer le cœur, l'esprit inerte de la foule avec le pathétisme d'une actualité dramatisée à outrance, la mise en scène de tous les scandales, l'attirance des titres énormes en caractères d'affiches. Journalisme, aux procédés de théâtre, qui directement, violemment, s'adresse et s'attaque à la grosse sensibilité populaire, aux indignations, aux admirations, aux colères d'éléments des foules ; journalisme où le cri du tribun semble le plus souvent le cri cabotiné d'un héros de Mélodrame dont ce genre de presse, en ses crises les plus farouches, observe à merveille, sait graduer les effets savants.

C'est là, dans ces taudis, que s'impriment et se fomentent le journal de l'ambition effrontée, celui du sycophante cynique et de l'entrepreneur de scandales ; là qu'ont leurs repaires la diffamation, le chantage et la calomnie ; là que parfois les plumes s'empoisonnent avant d'écrire, rien qu'à se tremper dans l'encrier, comme le sauvage empoisonne ses flèches. C'est là que le mensonge public, l'erreur organisée ont leurs cavernes.

Mais c'est là aussi, dans ces loges modestes et nues, sur cette table encrassée, que le bon écrivain de justice et de vérité, sourd au bruit du scandale et aux hurlements du mensonge grondant tout à l'entour, écrit ses mots de sagesse et de logique, rédige ses formules d'équité qui vont éclairer l'âme obscure du peuple, faire battre son cœur à tous les nobles sentiments, relever sa tête découragée vers les espérances lumineuses...

Côte à côte, séparés par une cloison, différenciés par un étage, dans un coudoiement qui n'a rien autrement de fraternel, les écrivains des partis les plus opposés, les plus hostiles, ainsi combattent silencieusement, férocement quelquefois, idée contre idée, loyauté contre mauvaise foi, esprit contre insolence, bandits

de la plume ou chevaliers de la pensée, les forces du passé et celles de l'avenir, le préjugé et l'utopie, la vérité et l'erreur... C'est là que se pensent d'avance, comme dans un cerveau commun et unique, que palpitent d'abord, comme dans un vaste cœur anonyme, toutes les idées, toutes les passions, les colères, les enthousiasmes qui, demain, à la lecture, exprimés par les voix multiples de la presse, vont devenir les enthousiasmes, les idées, les passions de tout un public, de tout un peuple, de tout un pays.

C'est là que se joue, comme dans une âme symbolique, le drame psychologique, l'ardent conflit quotidien des pensées, du heurt desquelles sortira pour une nation l'erreur qui doit la rabaisser ou la vérité ascendante.

C'est là, dans ces conciliabules des directeurs avec les rédacteurs, dans la réflexion de quelques écrivains accoudés à leur table, au bruit des presses qui ronflent, que se prépare, se forme ce qui sera demain la pensée, l'opinion, la volonté publiques.

Et c'est l'heure justement où la besogne d'idées commence. Déjà, dans les salles de rédaction, que l'étroitesse de la rue et la hauteur des maisons rendent obscures, à tous les étages s'allument le gaz, l'électricité. A son poste le premier, le rédacteur en chef compulse les journaux du soir, les télégrammes en-

voyés par les agences diverses, la correspondance. Autour de la grande table verte les rédacteurs jouent du ciseau, découpent des informations à reproduire, les renseignements dont ils s'inspireront, les « filets » agressifs auxquels il faudra répondre. Le téléphone avec sa sonnerie incessante appelle dans sa cabine. Et dans la rue une voiture s'arrête, celle du directeur qui rapide, important, insaisissable, est déjà entré, à peine entrevu, avec sur la figure, vainement impassible, les préoccupations du jour, la hantise de l'actualité, le tracas du numéro à faire. N'oublions pas non plus le souci, plus négligeable, qui le possède encore, d'esquiver et d'intimider les gêneurs, les

solliciteurs de toute sorte qui depuis une heure au moins encombrent le vestibule du journal, guettent le maître, cherchant à l'assaillir au passage : rédacteurs ayant des réclamations à présenter, créanciers impatients, quémandeurs de faveurs, d'un permis de circulation en chemin de fer, de billets de théâtre, courtiers d'annonces, placeurs de copie, hommes politiques, hommes et femmes de lettres et de théâtres, et du monde, ambitionnant quelques lignes de réclame, la notoriété éphémère de leur nom imprimé dans le numéro du lendemain. Tous attendent avec anxiété, avec fièvre, levés précipitamment à l'entrée du directeur et régulièrement déçus dans leur espérance d'entrevue par l'ordre bref jeté en passant au garçon de bureau.

— Priez le secrétaire de rédaction de venir...

Les autres, pour plus tard, si on a le temps ! Le numéro à faire, d'abord.

Et maintenant, dans la rue, c'est un va-et-vient discret, rapide, de journalistes. C'est le reporter, le gros reporter à longs cheveux qui, une serviette sous le bras, encore tout digne de la dignité du grand homme avec lequel il vient de converser familièrement, en sa gravité soufflante, apporte son interview et deux ou trois projets de reportage à soumettre pour le lendemain. C'est le rédacteur parlementaire, un peu congestionné, qui revient de la Chambre avec son compte rendu, la tête bourdonnante encore de discours politiques et de l'assemblée tumultueuse qu'il vient d'avoir pendant trois heures sous les yeux, au fond du vaste entonnoir du Palais Bourbon ; ce dernier

pourvu au surplus d'une respectable moisson de cancans politiques et de quelques bonnes « rosseries » à l'adresse des députés ou des ministres ennemis, rosseries qu'il ne va pas manquer de nous servir demain matin, en leur férocité toute fraîche, ainsi qu'une dent arrachée vive.

C'est le rédacteur judiciaire qui arrive du Palais de Justice, l'imagination hantée par la vision de la

Cour d'assises, aux robes rouges de juges, et que traversent de grands gestes noirs d'avocats. Un beau procès justement, pense-t-il. Pourvu qu'on le laisse un peu développer sa chronique, qu'il y ait de la place ce soir, qu'on ne lui écourte pas son inspiration.

Puis encore d'autres, reporters « marrons », journalistes sans journal qui vont de porte en porte offrir une interview, un article, une idée. Et plus d'une face intelligente et souffreteuse se devine dans ce défilé, du talent sans emploi, des orgueils mortifiés, de la misère, de la révolte, de la gloire et de la bohème.

Enfin voici les *leaders*, les grands hommes, ceux qui rédigent l'article de tête, la pensée programme, l'idée en exergue, et qui signent d'un nom célèbre, les remueurs de foule, les écrivains, les tribuns, souvent députés, les chroniqueurs, figures et noms connus, familiers au public : cette longue et haute girafe d'homme, la tête comme en perpétuelle ascension vers le fruit de Tantale d'une ambition trop haute, et dont le nom retentit tous les jours dans le tumulte des débats politiques ; ce tribun trapu

et barbu, qui a gardé l'air studieux du professorat dont il est sorti, orateur éloquent et journaliste généreux; ce vieux monsieur décoré, un peu voûté, de figure vénérable, avec sa barbe blanche de sage, champion courageux de convictions belles et démodées ; ce vieux clown au toupet illustre qui a passé en se jouant à travers tous les cerceaux et les carcans de la politique de cette fin de siècle. Et cette figure hirsute, sournoise et narquoise

derrière ses lunettes, avec ses cheveux et sa barbe en broussaille de capucin du moyen âge prèchant croisades et dragonnades. Et cet autre, aux clairs yeux de loyauté et de malice, où luit la logique acérée et pétille l'ironie, si vif-argent dans tous ses gestes, comme si l'idée, comme si l'esprit, trop à l'étroit dans son crâne dénudé de penseur, lui fourmillait par tout le corps, lui agaçant jusqu'au bout des doigts, et qui galvanise rien qu'à le voir !

Ceux-là passent vite : à peine si on les voit, comme furtifs, gênés de leur notoriété, désireux aussi tout

comme les directeurs, quand ils ne le sont pas eux-mêmes, d'éviter le solliciteur, le bavard, le crampon, avec la peur d'être happé par la manche au passage, d'une minute perdue, et la fébrilité de l'article à écrire qui déjà les talonne.

Et c'est encore le chroniqueur littéraire, volontiers mondain, suave dans sa barbe soyeuse, l'air méphisto-

phélétique, avec son monocle; c'est le jeune chef des échos des théâtres, de manières délicates et un peu précieuses de demoiselle, et le gros critique dramatique, réjoui et spirituel, peut-être toujours trop exclusivement spirituel. Et tous les autres, les sombres et les gais, les sectaires et les sceptiques, les enthousiastes et les flegmatiques, les bavards et les silencieux. Tout cela passe, se faufile, avec vivacité et adresse, un peu comme des souris.

Maintenant dans les salles de rédaction le gaz flambe plus haut; c'est une

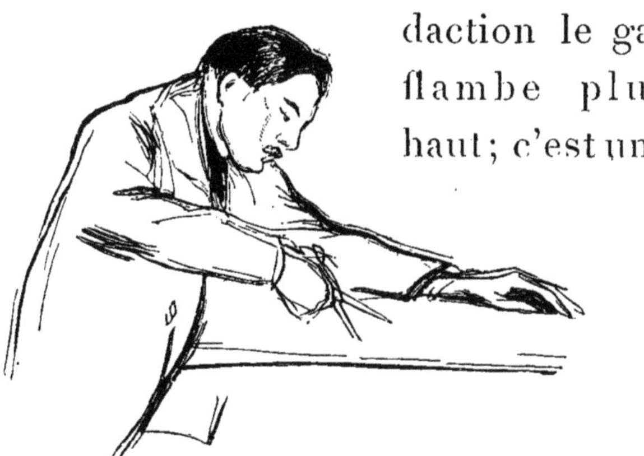

animation et un brouhaha d'allées et de venues, de bavardages, de sonneries ; au milieu des conversations, des interjections, des récriminations, le ciseau fonctionne, la plume court en dépit du bruit, la copie commence à s'entasser sur le bureau du secrétaire de la rédaction qui déjà vient d'envoyer à la composition et qui soupire devant l'amas... Comment arriver à placer tout. Il y en a toujours trop et on ne peut pas renvoyer tous les jours le feuilleton pour « abondance des matières », suivant l'horrible formule usitée. Tant pis, il faudra couper, supprimer, rogner, faire des mécontents. Ah! il tombe bien, le chroniqueur des tribunaux qui justement, profitant de l'intérêt du procès du jour, s'était permis quelques développements, avait cherché à faire un peu littéraire, pour une fois...

— Mais vous êtes fou ! Cent cinquante lignes pour ce procès-là !

— Mais... très intéressant, très suggestif... une cause mondaine... et d'une psychologie !

— Je m'en fiche ! Vous allez me réduire ça à soixante lignes, au plus, vous m'entendez bien, si vous voulez passer...

— Mais pourtant...

— Et puis pas de phrases, pas de littérature à côté, n'est-ce pas, serrez les faits...

Pas de bonne humeur, ce soir-là, le rédacteur en chef, et encore moins de bonne humeur quand une sonnerie stridente le rappelle chez le directeur, furieux, celui-ci, congestionné devant les épreuves d'un article que lui-même a commandé la veille et devant lequel il semble

horrifié aujourd'hui, comme devant quelque chose d'incongru, de monstrueux.

— Qu'est-ce que c'est que ça ? dites-moi un peu...

— Mais c'est l'article de X... sur...

— Oui, une jolie gaffe. Ah ! heureusement que j'ai pensé à y jeter les yeux... Eh bien, ça n'est pas ça, pas du tout, et vous aurez l'obligeance de dire à X... de recommencer son article dans un sens diamétralement opposé, vous avez saisi ? Tout juste le contraire de ce qu'il a dit dans celui-ci.

— Mais cependant... n'est-ce pas vous-même ?...

— Il ne m'a pas compris. Il a compris tout l'opposé. Qu'il recommence ! Juste le contraire... C'est entendu ?

La vérité est que, pour une cause ou pour une autre, question financière ou politique, ou personnelle, c'est la direction qui elle-même a changé d'avis. Caprice qui a ses raisons, n'en doutez pas.

X... recommence d'ailleurs docilement.

— C'est très commode, observe-t-il, il n'y a qu'à retourner les phrases. C'est comme ces bêtes de mer qu'on retourne ainsi que des manches et qui n'en vivent pas moins bien... et mieux peut-être même.

Grâces d'état, philosophie et scepticisme...

Enfin, à force de tronquer, de ro-

gner, d'éliminer, de rajouter, avec sa chronique de tète, son reportage, ses échos, ses filets, ses débats parlementaires, sa critique dramatique, son feuilleton, le journal, déjà en partie imprimé en épreuves et aux trois quarts écrit, se dessine, se forme, se complète. Le rédacteur en chef respire. Il a son affaire, tout le monde a son affaire, à peu près, et la besogne va son train joyeux d'œuvre bien commencée, quand patatras !...

— Le rédacteur en chef au téléphone...

Quelqu'un, venant du dehors, qui est entré précipitamment chez le directeur, un télégramme d'une agence apporté à la hâte, et bientôt tout le journal est sens dessus dessous : un de ces événements inattendus, gros d'importance, mort subite d'un personnage, catastrophe parisienne, malheur national, enfin un de ces événements qui naissent, passent comme un ouragan, soulèvent comme une mer l'émotion populaire, et dont la première nouvelle vient d'arriver.

Et, dans l'accès fébrile de l'actualité qui s'impose, voilà tout à recommencer, le journal, déjà presque prêt, à refaire de fond en comble, la chronique littéraire et la dramatique et le feuilleton remis aux calendes grecques, la chronique des tribunaux, qui n'a vraiment pas de

chance ce jour-là, réduite encore une fois à vingt malheureuses lignes, l'article de X.... si soigneusement retourné et qui ne passe décidément pas, le reportage, l'interview du jour disparaissant, sombrés vu leur intérêt relatif devant l'événement imprévu, sensationnel, envahissant.

Tout à refaire ; à lui, au Fait monstre le journal en entier revient de droit pour sa description, pour son interprétation, raconté, rapporté et commenté de mille manières, avec tous ses tenants et ses aboutissants, dans son ensemble, dans ses détails, dans sa notoriété, dans ses arcanes. Tout doit faire mousse autour de lui. Ah ! un beau numéro à composer ! Jusqu'à l'article politique de tête qui doit se modifier, être remplacé par un autre, plus en situation.

Et voilà de nouveau les reporters lancés à la chasse aux renseignements, tout le personnel de la rédaction sur les dents ; et de plus belle les portes qui battent, les sonneries précipitées du téléphone, la pensée en ébullition dans les cerveaux, une crise de fièvre et d'activité passant sur le travail des rédactions comme un violent courant d'air dirigé sur le feu d'une forge...

Ainsi, à cette heure où nous la quittons, dans la sombre rue du Croissant, avec ses lumières étouffées et le ronflement continu de ses imprimeries, ne dirait-on pas en effet qu'au fond d'une usine mystérieuse se forge, sur l'enclume du Fait, quelque éclatante Lumière, quelque bloc rougeoyant de Vérité ?

Vérité toujours plus complète, toujours victorieuse, Lumière de pensée qu'on n'éteint pas, toujours grandissante en dépit de l'ombre accumulée, et qui est celle que dégage la Presse, au choc de ses

enquêtes, de ses contradictions et de ses mensonges même.

Lumière de progrès et d'avenir, dont chacun qui y collabore et l'humble camelot qui la véhicule n'est pas sans se transfigurer un peu, sans s'éclairer d'un reflet modeste, ver mais luisant de l'Idée qu'il propage, assez semblable à cette vilaine chenille, mais phosphorescente, dont la laideur même fait dans l'herbe une petite étoile.

Les

Minutes Parisiennes

2 francs le volume.

Gravures sur bois exécutées par MM. Beltrand et Dété.

Déjà parus :

Midi, *le Déjeuner des petites ouvrières*, texte de Georges Montorgueil, dessins de A. Lepère.

1 heure, *la Bourse*, texte de Gabriel Mourey, dessins de Huard.

2 heures, *la Cité et l'Ile Saint-Louis*, texte de Gustave Geffroy, dessins de A. Lepère.

3 heures, *le Grand Prix de Paris, les Sports*, texte de Léon Millot, dessins de G. Scott.

4 heures, *l'Essayage*, texte de Pierre Valdagne, dessins de Balluriau.

5 heures, *la Rue du Croissant*, texte de Henry Fèvre, dessins de Sunyer.

POUR PARAITRE SUCCESSIVEMENT

6 heures. — L'Apéritif.
7 heures. — Belleville.
8 heures. — Dîners parisiens.
9 heures. — Théâtres et Concerts.
10 heures. — Bals et Guinguettes.
11 heures. — La Butte.
Minuit. — Le Bal de l'Opéra.
1 heure. — Les Soupeuses.
2 heures. — Les Rôdeurs.
3 heures. — La Vadrouille.
4 heures. — La Toilette de Paris.
5 heures. — Le Ventre de Paris.
6 heures. — La Chapelle.
7 heures. — Paris s'éveille.
8 heures. — Les Écoles.
9 heures. — Le Turbin.
10 heures. — Marchés et Ménagères.
11 heures. — Les Employés.

ÉVREUX, IMPRIMERIE DE CHARLES HÉRISSEY

www.ingramcontent.com/pod-product-compliance
Ingram Content Group UK Ltd.
Pitfield, Milton Keynes, MK11 3LW, UK
UKHW020321180726
13839UKWH00002B/516

9 782329 513744